Albert Anferth

Ian Brown ac Eoin Clarke

GRAFFEG bach

Mae hon yn wlad sy'n llawn creaduriaid
enfawr â'u rhuo taranllyd.

JUUUUU!

RRRRHU

Y mwyaf o ran maint
a sŵn yw Albert.

O'i ddau ben.

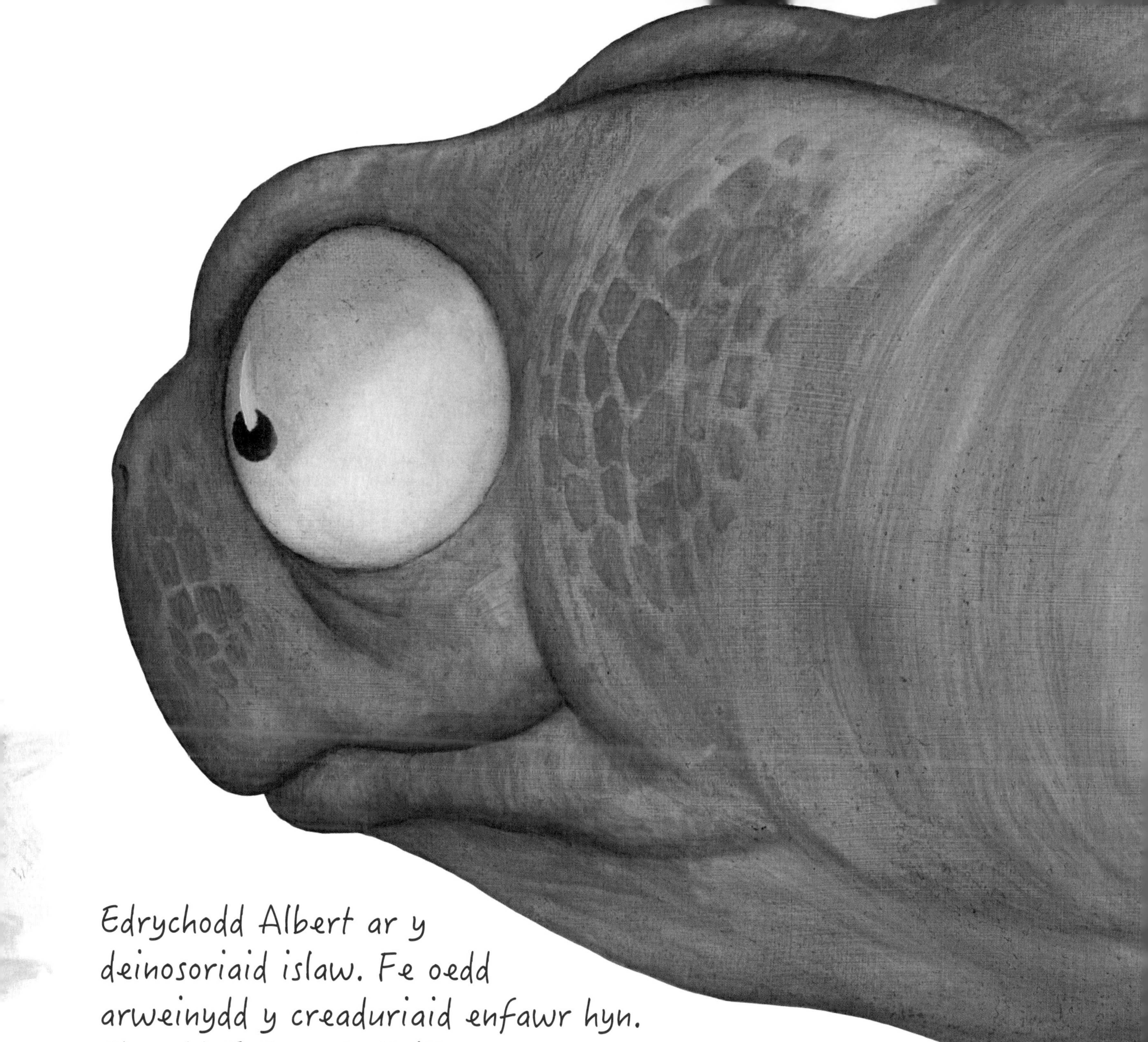

Edrychodd Albert ar y deinosoriaid islaw. Fe oedd arweinydd y creaduriaid enfawr hyn. Plygodd T-Rex a'r lleill eu pennau. "Plis hepa ni," meddai T-Rex.

Roedd y llosgfynydd ger eu tiroedd yn ffrwydro.
Roedd rhaid gwneud rhywbeth.

Ag ymdrech arwrol, gwthiodd Albert garreg enfawr tuag at y copa.

Un gwthiad olaf ...

Llwyddiant!
Diffoddwyd tân
y llosgfynydd
gan y garreg.

"Hwrê!" bloeddiodd y deinosoriaid.

Fel yr oedd Albert
ar fin siarad, crynodd
y llosgfynydd
oddi tano.

Agorodd Albert ei lygaid. Roedd ei ffrindiau bach yn yr ardd yn ei ysgwyd er mwyn ei ddeffro o'i freuddwyd.

"Fi oedd y cawr ac ro'n i'n achub anifeiliaid enfawr," esboniodd.

"Ro'n i wastad wedi meddwl sut beth oedd bod yn fwy," meddai Albert.

"Rwyt ti'n gawr i ni yn barod, ac ry'n ni angen dy help di, plis," meddai pry lludw.

"Mae'r pot blodyn lle ry'n ni'n cysgodi wedi colli rhan o'i do."

"Nawr mae'r potyn yn llawn golau dydd – ond ry'n ni'n hoffi'r tywyllwch."

"Mae'n gwneud i'r lle edrych yn anniben. Ry'n ni'n hoffi bod yn daclus," meddai'r prif forgrugyn. "Roedd gennym ni gynllun. Ond doedd neb arall yn ei hoffi."

Astudiodd Albert y sefyllfa. Roedd ganddo ei gynllun ei hun.

Yn ofalus, gofalus, gwthiodd Albert y garreg fawr at ochr y potyn.

Gwaeddodd yr anifeiliaid bach eu "Hwrê!" wrth i Albert osod y garreg fawr i'w lle, gan orchuddio'r twll yn y to.

Roedd y morgrug
yn falch o fod yn
daclus eto.

Roedd y pryfed lludw'n
falch o sgythru yn ôl
i'w cartref.

"Falle fod gennyt ti freuddwydion MAWR, Albert, ond rwyt ti'r maint perffaith i'n helpu, yn union fel wyt ti," meddai mwydyn. "Ro'n i ar fin dweud hynny," cwynodd morgrugyn.

"Grrrr," rhuodd Albert. Yn dyner.

Chwarddodd yr anifeiliaid i gyd.
Beth bynnag fo eu maint, roedden
nhw'n gwybod y byddai
Albert yn eu helpu bob tro.

Ian Brown

Cyn-newyddiadurwr sydd hefyd wedi troi ei law at gyfarwyddo a sgwennu ar gyfer y teledu yw Ian. Wedi cyfnod yn gweithio ar bapurau lleol a chenedlaethol, mae wedi bod ynghlwm â'r byd teledu am dros ddeg mlynedd ar hugain, gan ymwneud â newyddion, rhaglenni dogfen, hysbysebion, rhaglenni comedi a sioeau adloniant. Mae Ian wedi sgwennu neu gyfarwyddo ar gyfer nifer o enwau cyfarwydd, gan ennill sawl gwobr am ei waith. Clywir ei lais yn aml ar y radio'n trafod teledu. Bu sgwennu ar gyfer plant yn freuddwyd ganddo ers tro. Mae'n rhannu ei gartref â'i wraig Millie, dwy gath, ambell greadur arall – a chrwban o'r enw Albert.

Eoin Clarke

Graddiodd Eoin Clarke mewn Dylunio Graffeg o Brifysgol Middlesex, ac enillodd MA mewn animeiddio o'r Coleg Celf Brenhinol. Mae wedi gweithio yn y diwydiant animeiddio am ddeg mlynedd ar hugain fel cyfarwyddwr, animeiddiwr, dylunydd ac artist bwrdd stori. Mae wedi cyfarwyddo ffilmiau, rhaglenni dogfen a dilyniannau teitlau, gan ennill deg gwobr ar hugain am ei waith fel cyfarwyddwr, yn gweithio ar brosiectau ar gyfer BBC, Channel 4 a'r Sefydliad Ffilmiau Prydeinig. Mae dod ag Albert yn fyw wedi bod yn bleser.

Albert

Cafodd Albert, seren yr anturiaethau hyn, ei achub dros hanner can mlynedd yn ôl gan wraig Ian a'i theulu, ac mae wedi byw'n hapus efo'r un teulu ers hynny. Gallwch ddod i adnabod Albert yn well ar Facebook, @AlbertTheTortoise ac ar trydar, @AlbertTortoise ac ar ei wefan AlbertTortoise.com.

Ffeithiau am Albert a'i gefndryd

Mae'r crwban yn y stori hon wedi'i seilio ar grwban go iawn – Albert – deinosor bach a llysieuwr o fri ...

1. Mae Albert yn grwban Groegaidd. Er gwaetha'r enw, mae crwbanod Groegaidd i'w cael yng ngogledd Affrica, de Ewrop a rhannau o'r Dwyrain Canol.
2. Mae Albert yn treulio'i aeafau yn cysgu yn ei wely arbennig am gyfnod o hyd at bum mis. Dyma sut mae rhai crwbanod yn goroesi'r tywydd oer a'r tymheredd isel. Bydd hefyd yn cysgu yn y nos pan mae mewn cyfnod o ddeffro. *Brumation* yw'r enw, yn hytrach na 'gaeafgysgu', wrth sôn am gwsg maith ymlusgiaid.
3. Yn ôl ymchwilwyr, mae'n ddigon posib bod ymlusgiaid fel Albert yn breuddwydio yn eu cwsg – gall hyn fod yn wir hefyd am ddeinosoriaid. Gallwch wneud tipyn o freuddwydio wrth gysgu am bum mis!
4. Mae crwbanod ymhlith y creaduriaid hynaf ar y Ddaear – esblygodd y crwban cyn y mamal, yr aderyn, y crocodeil, y neidr, y fadfall ... a hyd yn oed y deinosor. Dyddia'r crwbanod y môr cynharaf o tua 250 miliwn o flynyddoedd yn ôl. Dyddia'r crwban o tua 5 miliwn o flynyddoedd yn ôl.
5. Credir bod gan rai deinosoriaid wynebau a chyrff lliwgar; fel y rhain, mae gan rai crwbanod a chrwbanod y môr gregyn ac wynebau amryliw.
6. Un o gefndryd Albert oedd Megalochelys atlas. Roedd hwn yn gawr go iawn, yr un maint â char bach. Gallai'r gragen yn unig dyfu nes ei bod yn 2.1 metr (6.9 troedfedd). Gallai'r crwban cyfan, gan gynnwys y pen, y coesau a'r gynffon fod dros 2.7 metr (8.9 troedfedd) a phwyso dros dunnell. Darganfyddwyd ffosiliau o'r Megalochelys atlas yn Asia (India, Pakistan ac Indonesia).
7. Y crwbanod mwyaf sydd i'w cael heddiw – cefndryd Albert – yw'r crwbanod Galapagos, sy'n byw ar Ynysoedd y Galapagos yn y Môr Tawel, tua 965 km (600 milltir) oddi ar arfordir De America. Rhai eraill yw'r Aldabra sy'n byw ar gylchynysoedd yr Aldabra, tua 730 km (454 milltir) oddi ar arfordir dwyrain Affrica. Gall crwban Galapagos dyfu dros 1.3 metr (4 troedfedd). Gall crwban Aldabra bwyso dros 250 kgs (550 pwys).
8. Gall crwbanod fyw am amser maith. Yn 2021, cyhoeddwyd mai Jonathan, crwban mawr o'r Seychelles (yn perthyn i'r Aldabra), yw'r crwban hynaf, a'r anifail hynaf i fyw ar y tir – cyn belled ag y gwyddom. Un o'r Seychelles yw Jonathan yn wreiddiol, gan symud i St. Helena yn Ne'r Iwerydd yn 1882. Mae'n 189 mlwydd oed.
9. Bu farw'r crwban benyw hynaf, Tu'i Malila, yn 1966, pan oedd hi'n 188 oed. Crwban Astrochelys radiata oedd hi, ac roedd hi'n eiddo i deulu brenhinol Tonga.
10. Mae crwbanod wedi bod yn bwysig i'r ddynoliaeth erioed. Mewn rhai mannau o'r byd mae'r crwban yn arwydd o ddoethineb a gwybodaeth.
11. Cofiwch fynd am gyngor arbenigol cyn ystyried cael crwban fel anifail anwes, a chofiwch gael arweiniad manwl ar sut i ofalu amdano.

Llyfrau'r gyfres

Albert Ben i Lawr
ISBN 9781802580105

Mae gan Albert y crwban anwes broblem. Wrth drio dringo'r graig at rywbeth blasus i'w fwyta, mae Albert bellach ar ei gragen, ben i lawr, ac mae'n sownd! A all creaduriaid eraill yr ardd anghofio'u hen gwerylon a chreu tîm o ffrindiau er mwyn helpu Albert?

Albert a'r Gwynt
ISBN 9781802580112

Dyw Albert y crwban anwes ddim yn cael diwrnod rhy dda. Mae'n cael ei ddeffro gan y gwynt yn y coed, ac yna, wrth iddo fynd am gegaid o'i fwyd, mae'r gwynt yn ei gipio oddi wrtho. A all creaduriaid yr ardd helpu Albert i ddod o hyd i'w fwyd, ac a fydd Albert yn medru diolch iddyn nhw?

Albert Anferth
ISBN 9781802581713

Mae Albert y crwban anwes yn cael antur. Rhaid iddo herio deinosoriaid enfawr a llosgfynydd tanllyd. Yna, yn ôl yn yr ardd, rhaid iddo helpu ei ffrindiau bach sydd â'u trafferthion eu hunain.

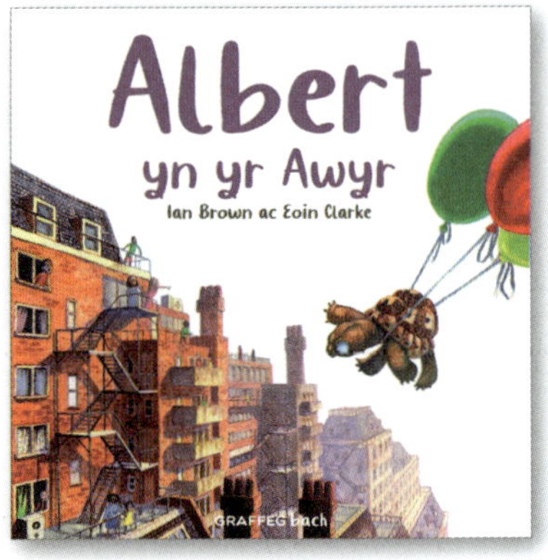

Albert yn yr Awyr
ISBN 9781802581720

Mae Albert yn cael cyfle i fynd ar antur ryfeddol, ac un yn llawn profiadau o bob math. Ond ar yr antur daw Albert i sylweddoli nad yw 'man gwyrdd man draw' bob tro'n wir, a bod treulio amser gyda ffrindiau yn yr ardd yn well na dim.

Mae llyfrau Albert ar gael ar Apple iBooks ar ffurf digidol ac wedi'u hanimeiddio. Mae elyfrau hefyd ar gael ar Amazon Kindle, Nook, eSentral, Google Play, Kobo ac eraill.

Albert Anferth
Cyhoeddwyd yn 2022 gan Graffeg Cyf.

ISBN 9781802581713

 Addasiad gan Anwen Pierce. Dylunio a chynhyrchu © Graffeg Cyf., 2022

Graffeg Cyf., 15 Neptune Court, Vanguard Way, Caerdyddolygyddol CF24 5PJ. Cymru, DU.
Ffôn: +44(0)1554 824000
www.graffeg.com.

Mae cofnod catalog CIP ar gyfer y llyfr hwn ar gael o'r Llyfrgell Brydeinig.

Ceir dalennau i'w lliwio a nodiadau dysgu i'w lawrlwytho yn rhad ac am ddim.

1 2 3 4 5 6 7 8 9

FSC www.fsc.org
MIX
Paper from responsible sources
FSC® C014138